# 天山南北共襄盛会

盛世中华万事兴　新疆健儿竞技勇

情系天山立壮志　韵动巴州展鹏程

**2023 巴州**
新疆维吾尔自治区第十四届运动会

　　天山新征程，丝路新梦想。2023 年 8 月 8 日，新疆维吾尔自治区第十四届运动会在巴音郭楞蒙古自治州库尔勒市开幕。这是一次隆重的竞技体育盛会，是选拔、储备体育后备力量的一次"沙场点兵"，这届运动会还首次设置了群众体育赛事活动，激发了全民健身热情。

　　体育强则中国强，国运兴则体育兴。新疆深入实施健康中国战略和全民健身国家战略，加快体育强区建设，推动竞技体育、群众体育、体育产业统筹规划协调发展，在提高人民身体素质和健康水平，丰富人民群众精神文化生活，推动经济社会发展，激励天山儿女追求卓越等方面取得可喜成绩。

　　相约壮美巴州，共襄丝路盛会。巴音郭楞蒙古自治州作为东道主，以"安全、简约、高效、精彩"为办赛宗旨，上下齐心，众志成城，全力以赴办好新疆维吾尔自治区第十四届运动会。这次运动会，来自全疆 14 个地州市代表团参赛，并特邀石河子市代表新疆生产建设兵团参赛，参赛运动员 8000 余名。竞技体育比赛共设 20 个大项 687 个小项，群众体育赛事设置 10 个大项 195 个小项。

　　赛场精彩无限，友爱洒满天山。赛场上，体育健儿们龙腾虎跃、奋力拼搏，完成了一次次突破，给我们带来了一场场惊喜。赛场，是拼搏的战场，更是升华生命价值的舞台。在赛场闪耀的，不只有奖牌，还有团结协作、顽强拼搏的体育精神；在赛场传递的，不仅有友谊，还有从容豁达、自信乐观、永不言败的青春活力。

　　运动让生活更美好。这本画册从不同的角度和侧面，记录了新疆维吾尔自治区第十四届运动会的历程，展现了运动员赛场上的拼搏身影，定格了冲刺时的精彩瞬间，留存了领奖时的激动场景。希望这本精美的画册，能在时光的隧道中，为新疆维吾尔自治区第十四届运动会镌刻上永不褪色的一笔，将您在巴州采撷的美好记忆，传播到天山南北，在城市的大街小巷，让它在广阔的乡村田野开满幸福的绚丽花朵。

目　录
**CONTENTS**

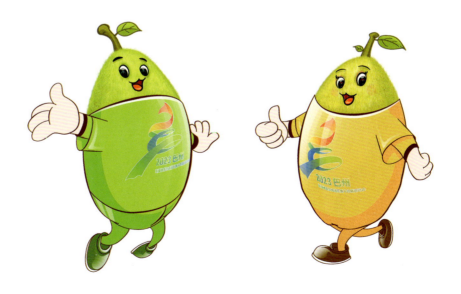

# 第一章

# 盛大开幕
# 梦想启航

确·胡热 摄

天山之南，城市焕彩，人民放歌，万众瞩目。新疆维吾尔自治区第十四届运动会开幕式如期举行，各代表团意气风发，齐聚巴州。开幕式文体展演恢弘磅礴，简约精彩。《鼓舞天山》《丝路天山》《文润天山》《活力天山》《奋进天山》篇章，利用虚拟现实、人屏互动、多维演示展现巴州以及新疆历史人文、社会经济、产业发展、体育事业等多方面成果；在视觉效果上，运用裸眼 3D、全息投影等新技术，营造了多维立体沉浸式数字空间。运用集控灯光动态编程、激光成像，配合无人机表演，丰富了观众的视听感受。

```
    | 2 | 3
1   |-------
    | 4 | 5
```

1. 自治区党委副书记、自治区主席艾尔肯·吐尼亚孜同志宣布新疆维吾尔自治区第十四届运动会开幕。

2. 国家体育总局党组成员、副局长刘国永同志致辞。

3. 自治区副主席孙红梅同志致开幕辞。

4. 巴州党委书记任广鹏同志致欢迎辞。

5. 自治区体育局党组书记丁有明同志主持开幕仪式。

情系天山·韵动巴州
新疆维吾尔自治区
第十四届运动会

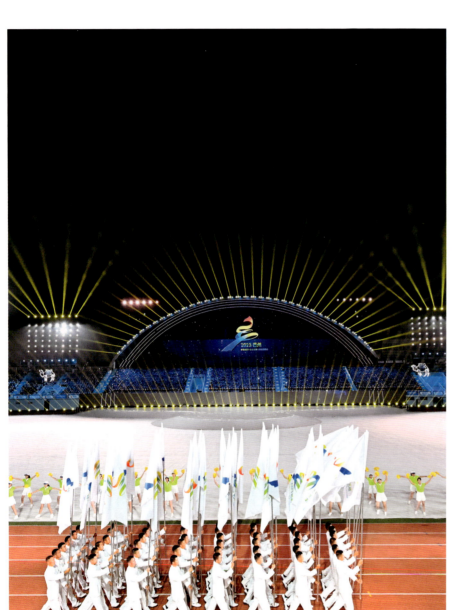

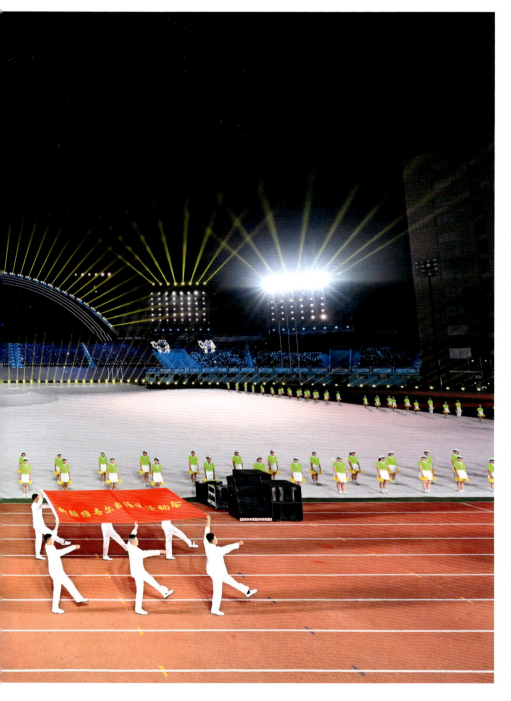

确·胡热 摄

薛云少 摄

确·胡热 摄

确·胡热 摄

新疆维吾尔自治区第十四届运动会

确·胡热 摄

确·胡热 摄

# 开幕式文体展演《鼓舞天山》

确·胡热 摄

确·胡热 摄

确·胡热 摄

# 开幕式文体展演《丝路天山》

确·胡热 摄

确·胡热 摄

确·胡热 摄

确·胡热 摄

# 开幕式文体展演《文润天山》

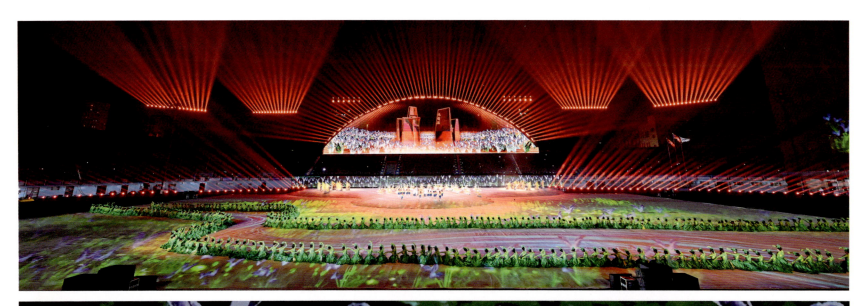

确·胡热 摄

确·胡热 摄

确·胡热 摄

确·胡热 摄

# 开幕式文体展演《活力天山》

确·胡热 摄

确·胡热 摄

确·胡热 摄

1
—
2

1. 薛云少 摄
2. 确·胡热 摄

# 开幕式文体展演《奋进天山》

确·胡热 摄

确·胡热 摄

确·胡热 摄

确·胡热 摄

# 第二章

# 赛事揽胜
# 精彩纷呈

邓伟 摄

　　赛场是速度与毅力的接力，是力量与追逐的碰撞。在热烈的掌声和加油声中，一个个矫健的身影让心中的梦想升腾。赛场是呈现生命精彩的舞台，青春的脚步，青春的速度，青春的活力，青春的激情，在这里尽情地挥洒。团结协作，顽强拼搏，超越对手，超越自我，让坚韧的生命在这里淬炼升华。

## 竞技类项目：

足球、三人制篮球、五人制篮球、室内排球、沙滩排球、羽毛球、游泳、武术、网球、田径、跆拳道、射箭、射击、柔道、拳击、乒乓球、举重、击剑、摔跤、航模。

## 群众体育项目：

山地自行车、航模、乒乓球、三人制篮球、网球、游泳、社会体育指导员健身技能展示大赛、篮球、健身气功、龙舟表演赛。

田 径

薛云少 摄

确 · 胡热 摄

田 径

师羌生 摄

确·胡热 摄

 射 箭

胡侍琦 摄

邓伟 摄

胡侍琦 摄

射 击

赵富强 摄

游泳

潘松 摄

男子拳击

颜明星 摄

柔 道

汪志鹏 摄

女子拳击

薛云少 摄

师羌生 摄

网 球

陈剑飞 摄

乒乓球

颜明星 摄

颜明星 摄

武术套路

| 1 | 2 | 3 | 4 | 5 |
|---|---|---|---|---|
| 6 | | 7 | | 8 |
| 9 | 10 | 11 | 12 | 13 |

1、6、7、13，陈剑飞 摄
2，王海英 摄
3、4、5、11、12，确·胡热 摄
8，潘松 摄
9，魏腾霄 摄
10，颜明星 摄

篮球

1
2

1. 邓伟 摄
2. 李晨 摄

三人制篮球

师羌生 摄

第十四届运动会

排 球

1  4
——
2  3

1、4. 年磊 摄
2、3. 颜明星 摄

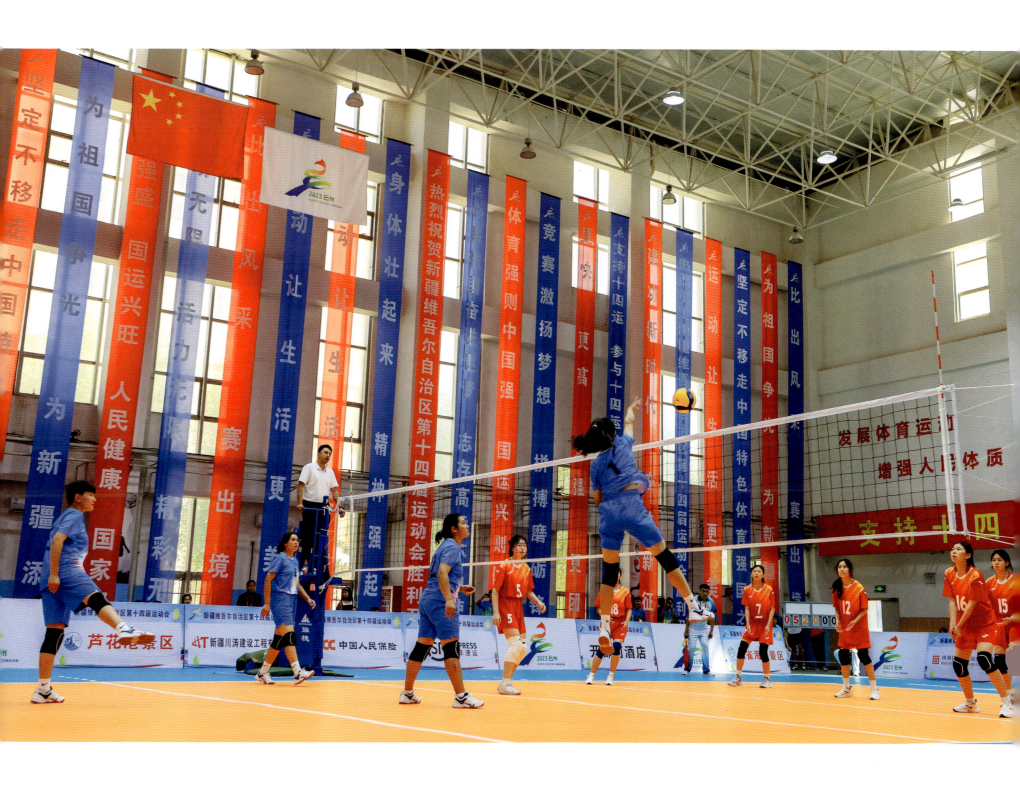

跆拳道

| 1 | | 4 |
|---|---|---|
| 2 | 3 | 5 |

1、2. 刘晓芬 摄
3、5、6. 确·胡热 摄
4. 王海英 摄

确·胡热 摄

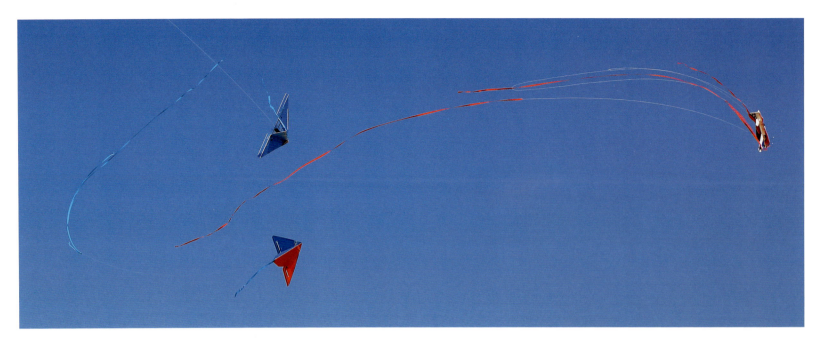

薛云少 摄

**航 模**

邓伟 摄

李晨 摄

古典式摔跤

汪志鹏 摄

足 球

确·胡热 摄

确·胡热 摄

武术散打

确·胡热 摄

羽毛球

颜明星 摄

颜明星 摄

击 剑

师羌生 摄

颜明星 摄

沙滩排球

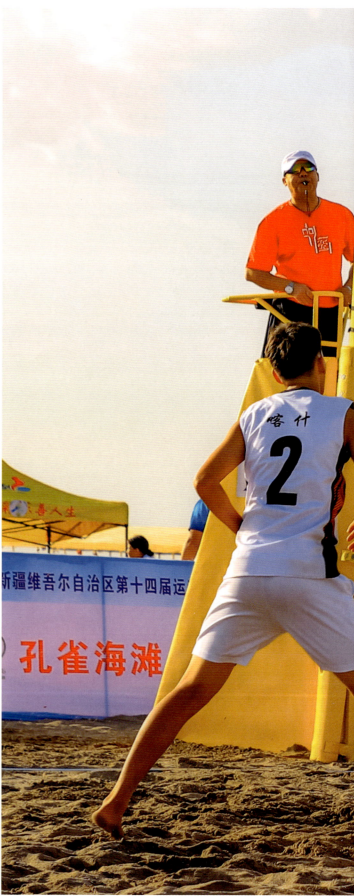

年磊 摄

举 重

黄万里 摄

师羌生 摄

魏腾霄 摄

吾尔自治区第十四届运动

"中国人寿"杯举重比赛

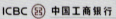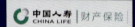
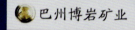

主办单位：新疆维吾尔自治区人民政府
承办单位：新疆维吾尔自治区体育局　　巴音郭楞蒙古自治州人民政府
协办单位：巴州文化体育广播电视和旅游局　　库尔勒市人民政府
冠名单位：中国人寿财产保险股份有限公司巴音郭楞蒙古自治州中心支公司
比赛地点：库尔勒巴音体育馆
比赛时间：2023年7月12日

摔 跤
（男子自由式）

**摔 跤**
（女子自由式）

奥琼 摄

# 群众赛事

王石磊 摄

王石磊 摄

龚玲 摄

胡侍琦 摄

巴玲辉 摄

师羌生 摄

李晨 摄

颜明星 摄

# 群众赛事

陈飞 摄

刘晓芬 摄

群众赛事

苏强 摄

# 第三章

# 圆满闭幕
# 奖牌璀璨

确·胡热 摄

全疆各代表团的运动员因体育而来，为友谊而聚！在赛场上，公平竞争、奋力拼搏，争取好成绩，展现新风貌，收获了奖牌，收获了友谊。锻炼选拔了一批潜力选手，为新疆培养更多更高水平的体育竞技人才奠定了基础。

巴州更是以满腔的热情，倾心的投入，无私的奉献，精益求精，细致入微地做好各项赛事服务，兑现了"当好东道主，办好十四运"的庄严承诺，为全疆各族人民呈现了一场记忆深刻、精彩纷呈的盛会。

陈剑飞 摄

薛云少 摄

汪志鹏 摄

邓建中 摄

黄万里 摄

陈剑飞 摄

陈剑飞 摄

汪志鹏 摄

陈剑飞 摄

杨志荣 摄

陈剑飞 摄

师羌生 摄

陈剑飞 摄

陈剑飞 摄

情系天山·韵动巴州
新疆维吾尔自治区
第十四届运动会

# 第四章

# 赛事服务
# 花絮掠影

王海英 摄

让微笑驱散陌生，让友好温暖心灵。巴州所有工作人员和广大志愿者精心服务每一项赛事，细致周到对待每一个参会（参赛）人员，巴州人民热情洋溢、文明礼貌，让四方宾朋尽享体育盛会的激情与活力，充分感受"丝路山水 壮美巴州"的魅力与风采。

王莉 摄

王莉 摄

王莉 摄

索英杰 摄

赵富强 摄

1，敬慧 摄
2，师羌生 摄
3，胡侍琦 摄
4，陈剑飞 摄
5，汪志鹏 摄

107

## 图书在版编目（CIP）数据

情系天山 韵动巴州 / 新疆维吾尔自治区第十四届
运动会组委会主编 . -- 北京 : 中国民族文化出版社有限
公司 , 2024.6

ISBN 978-7-5122-1921-2

Ⅰ.①情… Ⅱ.①新… Ⅲ.①运动会－新疆－摄影集
Ⅳ.① G812.245-64

中国国家版本馆 CIP 数据核字 (2024) 第 109387 号

# 情系天山 韵动巴州
## QINGXITIANSHAN YUNDONGBAZHOU

主　　编　新疆维吾尔自治区第十四届运动会组委会

责任编辑　张　宇

责任校对　杨　仙

出 版 者　中国民族文化出版社　地址：北京市东城区和平里北街 14 号

　　　　　邮编：100013　联系电话：010-84250639 64211754（传真）

印　　装　雅昌文化（集团）有限公司

开　　本　889mm×1194mm　12 开

印　　张　9

字　　数　60 千

版　　次　2024 年 5 月第 1 版第 1 次印刷

标准书号　ISBN 978-7-5122-1921-2

定　　价　280.00 元